## 으랏차차!
# 풍선여행

## 으랏차차!
# 풍선여행

구립 한사랑 지역아동센터 친구들 지음

솔아북스

**으랏차차! 풍선여행**
ⓒ김상현 외 20명 2024

초판 발행     2024년 09월 14일

지 은 이     구림 한사랑 지역아동센터 친구들
펴 낸 이     이서영
기획편집     김재석
디 자 인     솔아북스
인   쇄     디에스프린텍
마 케 팅     이익돈

펴 낸 곳     솔아북스 출판사
등록일자     2015년 9월 4일
신고번호     477-2015-000002호
주   소     순창군 복흥면 추령로 1746
연 락 처     010-5415-0736
이 메 일     ebluenote@daum.net


※이 책은 저작권자에게 권리가 있으며 무단복제를 금합니다.

처음으로 좋아하는 일이 생겼다. 글쓰기다.
- '책으로 쑥쑥 성장하는 독서캠프' 참가학생

contents

인사말 / 그날이 왔다　　8

# 01 시골에서는 누구나 별이 된다　11

ep1. 김상현 작가　12
　꿈이란 여행, 울아빠, 바꿔읽기, 베트남 외갓집, 물의 요정

ep2. 김경진 작가　20
　배드민턴이란 새로운 하루, 나의 웃음, 꿈

ep3. 이영은 작가　24
　한밤중, 동사, 지우개, 클로버밭, 겨울

ep4. 김승현 작가　32
　특별한 게임, 아휴 어려워

ep5. 오승미 작가　36
　새벽공기, 빠져도 될까, 내마음의 비, 파도의 모양, 환멸하다

ep6. 강초현 작가　42
　겁쟁이, 용기, 꿈속, 내 세상, 칭찬

ep7. 강호동 작가　48
　하루는 힘들어, 나의 장래희망

ep8. 강미현 작가　52
　세상에는 좋은 게 많아

ep9. 설현성 작가　56
　잠, 눈사람, 숨어버린 쉬는 시간

ep10. 신주원 작가　60
　풍선여행, 진짜 성장, 가슴 속에 품고 산다

ep11. 김성윤 작가　　66
　　　무엇을 선택할까, 우리의 길, 다시 일어서서

ep12. 조소린 작가　　72
　　　과자, 자연, 짜증, 답안지, 그림

ep13. 신지헌 작가　　78
　　　경진이 형의 하루, 내 마음 속의 사탕, 나의 결심

ep14. 강민정 작가　　84
　　　너는 나의 거울이다, 무지개가 있다, 시

ep15. 조휘서 작가　　88
　　　회복, 새싹 두 개

ep16. 김하나 작가　　92
　　　그래서 좋아요, 가을

ep17. 강호렬 작가　　96
　　　우리 형아, 똥

ep18. 김다희 작가　　100
　　　발레리나

ep19. 김수현 작가　　102
　　　우리 집으로

ep20. 김하늘 작가　　104
　　　한사랑 센터, 아이스크림

ep21. 손하늘 작가　　106
　　　구림 한사랑지역아동센터, 그림책, 비오는 날

02　**포토시로 보는 지역아동센터 풍경**　　110

03　**책으로 쑥쑥 성장하는 독서캠프**　　120
　　　이서영 작가 /독서캠프 성장보고서　　122

**인사말**

# 그날이 왔다

장혜란 구림 한사랑 지역아동센터 지킴이

그날이 왔다. 드디어 그날이 왔다. 항상 꿈만 꿨었는데 드디어 그날이 왔다. 항상 아이들에게 보다 나은 독서 프로그램을 진행하고자 꿈만 꿨었는데 2024년 그 더운 여름, 아이들과 전문적인 강사를 모시고 독서 프로그램을 진행할 수 있는 시간을 가질 수 있었다. 아이들의 뇌를 살짝 건드려만 주었는데 아이들에게서 무한한 가능성을 보는 시간이 되었다.

첫 시간부터 줄줄 자신의 생각을 글로 표현하는 아이가 있는가 하면 5회차, 6회차가 되어도 끙끙 자신의 생각과 줄다리기만 하는 아이도 있었다. 그러나 그 긴 줄다리기의 시간을 지나서 자신의 생각을 조금씩 써 내려가기 시작하더니 끝마치는 시간에는 어김없이 자신의 생각을 시로 써내려가고, 한 편 두 편 세 편의 시들을 쓸 수 있었다.

　아이들의 가능성은 무한하다고 항상 이야기했는데 정말 아이들의 생각과 가능성은 무한하고 대단함을 느낄 수 있는 귀한 시간이었다. 이 시간이 아이들에게는 큰 도전의 시간이 되었을 것이다. 자신들이 자라서 다시금 돌아보게 되는 귀한 추억의 시간이 되었을 것이다. 이번 시간을 통해서 자신의 꿈을 더 생각해 보고 자신의 꿈을 이루기 위해 더 노력하는 아이들로 성장했을 것을 믿어 의심치 않는다.

　이렇게 아이들이 성장 할 수 있도록 기꺼이 재능을 기부해 주신 이서영 선생님과 솔아북스 편집장님께도 지면을 통해 감사의 말씀을 드린다.

▲ 구림 한사랑지역아동센터 앞모습

# #1

## 산골에서는 누구나 별이 된다

아이들에게 물었다. 밤하늘이 어떻냐고?
"별들이 초롱초롱해요!"
도시의 밤하늘에서 이런 초롱초롱함을 볼 수 있을까?
오히려 네온싸인 불빛이 더 화려하지 않았는가!
"그래, 너희 눈동자만큼이나 초롱초롱하다"
산골에서는 누구나 별이 된다.
이 아이들도 별이다.

— 편집자 주

# 꿈이란 여행

김상현

여행이 필요한 계절이 존재한다
벚꽃나무 민들레가 있는 봄이다
그 계절이 다시 온다면 목적이 있다

풍선을 타고 떠나는 여행
가는 순간에는
바람이 불고 공부 생각도 하고

그곳에 도착하면 여러가지 길이 있다
나를 믿고 생각했던 대로 가라

다시 일상에 온다고 실망하지 말아라
머릿속에 있던 비밀을 꺼내

여행을 바탕삼아 앞으로 간다면
나는 산꼭대기에 별이 되어 있을 것이다

# 울아빠

김상현

내가 울면 곁에 있어주는 울아빠

내가 화내도 곁에 있어주는 울아빠

내가 힘들어도 곁에 있어주는 울아빠

내가 무엇을 하든 내 곁에 있어주는 울아빠

나도 언젠가 그런 아빠가 될까?

## 바꿔 읽기

김상현

나는 항상 바보다
심장이 있으면 바보다
생명이 있으면 바보다

웃을 수 있으면 바보다
시험을 볼 수 있으면 바보다
잠을 잘 수 있으면 바보다

설렘을 느끼면 바보다
일을 할 수 있으면 바보다
쉬는 시간에 쉴 수 있으면 바보다

머리가 있으면 바보다
비가 오는 걸 보면 바보다
이 세상에 살고 있으면 바보다

짝꿍과 함께 이 시를 읽는 당신은 바보다

# 베트남 외갓집

김상현

베트남 안에서
나는 외갓집에 갔다

외갓집에서 나는 번역기를 사용했다
번역기를 사용하다가 질려 영어를 사용했다
하지만 아는 단어가 없어 침묵했다

베트남 안에서
나의 외갓집은 멀다

 # 물의 요정

김상현

나는 보름마다 산에 간다

그 산에는 아가씨가 있다

아가씨는 아침마다 노새를 데리고 와 노래를 부른다

보름이 돌아왔다

오늘은 유독 비가 많이 내렸다

나는 오늘도 산에 갔다

산에 가기 위해서는 비탈길을 지나 다리를 건너야 했다

비탈길을 지나 강에 왔다

비가 많이 온 탓에 강이 범람해 다리가 잠겼다

다리를 건너던 도중 물에 휩쓸려 쓰러졌다

눈을 떠보니 아가씨와 노새가 보인다

자세히 보니 내가 보러가던 아가씨였다

나는 기운이 없어 아가씨가 밥을 줬다

아가씨와 나는 이런저런 얘기를 나누다

가족 얘기를 했다

들어보니 부모가 어렸을 적 가족들이 밖에 갔다온다고

했는데 돌아오지 못했다고 한다

지금 아가씨 가족 구성은 오빠, 아가씨, 동생 뿐이라고 한다

아가씨가 집을 소개했다

넓은 농장에 많은 양떼들이 있었다

갑자기 집에서 울음소리가 났다

가보니 동생이 밥달라고 울고 있었다

어느덧 밤이 되어 집에 갈 준비를 했다

아가씨가 집에 가지 말고 같이 지내자고 했다

나도 아가씨와 같이 있는 게 싫지는 않아 같이 있었다

밖에 나가 들판에 누워 하늘을 보니 별들이 반짝거렸다

그녀처럼.

이런 저런 이야기를 나누며 나는 생각했다

운명이라고.

 많은 시간이 지나 그녀와 함께 지냈다

나는 그녀에게 다짐했다
그녀를 영원히 지켜 주겠다고.

나는 그녀의 이름을 정했다

물의 요정이라고.*

**작가소개** * 김상현(구림중학교 2학년)

떡볶이, 축구를 좋아하고
운동을 가르치는 선생님이 되고 싶어요

# 배드민턴이란 새로운 하루

김경진

연습하고 연습하고

새로운 시작이 된다

또 연습하면

새로운 하루가 된다

나를 이기면

새로운 하루다

그게 바로 내 인생

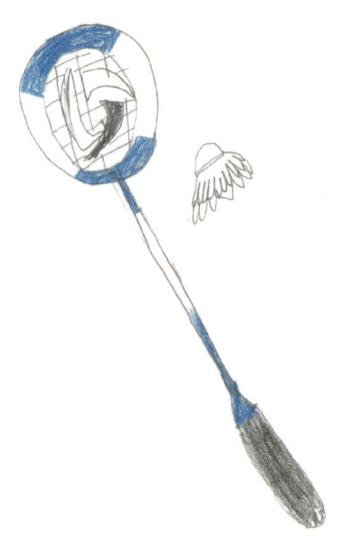

# 나의 웃음

김경진

나는 웃을 것이다

항상 웃을 것이다

항상 웃음을 멈추지 않을 것이다

항상 웃어서 즐겁게 보낼 것이다

나의 웃음은

진짜 웃음이다

# 꿈

김경진

전봇대에 대회 포스터가 있다
사람들은 포스터를 보고 웃음 지었다
나는 한숨을 쉬었다
내 꿈에 우승이란 편지가 날아왔다
배드민턴 대회에 나가게 되었다
나는 대회에 나가
심장이 떨릴 만큼 성공하고 싶다
자주 무지개가 보고 싶다
하루 종일 배드민턴을 칠 것이다
나의 주제는 배드민턴이다
나는 능력자다

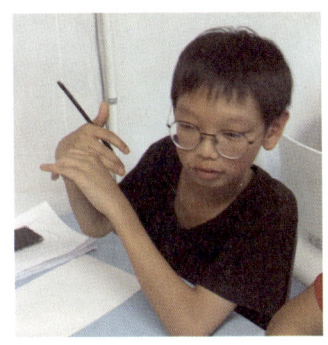

**작가소개** * 김경진(구림중학교 2학년)

나는 배드민턴 선수다
나는 대회에서 져도 포기하지 않는다
나는 열심히 연습하고 연습할 것이다
나는 대회에서 이겨 꼭 금메달을
딸 것이다
안세영 선수처럼 될 것이다

# 한밤중

이영은

짝꿍과 핑크빛 청춘드라마
보는 상상

좋아하는 아이돌한테
연애편지 받는 상상

주홍 빛깔 노을을 보는
한없이 낭랑한 상상

한밤중 사춘기 소녀가 하는 상상
내가 하는 귀엽고 웃긴 상상

# 동사

이영은

동사는 글자가
움직이지도 않으면서

동사는 얼어서
죽는 거면서

동사는 어감이 똥 싸는 거
같으면서

왜 자꾸 불규칙하게 움직여서
나를 힘들게 하니

산골에서는 누구나 별이 된다

# 지우개

이영은

나는 지우개 같은 사람이
되고 싶다

마음의 상처를
조금만 움직여서 지워주는

성능이 좋지 않아 말끔히
지울 수는 없지만

열심히 움직여서
다 닳으면

조금 더 성능이 좋은
지우개로 태어날 것이다

# 클로버 밭

이영은

행운을 찾으려고

행복을 짓밟는다는 말

무지무지 많이 들었다

나는 짓밟으면서 찾은 적이 없다

행운이 있으면 행복하니까

# 겨울

이영은

겨울아침 들려오는 캐롤은
나를 행복하게 한다

겨울밤 난로의 불씨는
나를 격려한다

겨울날 친구들과 하는 눈싸움은
나를 괴로움에서 벗어나게 한다

이것이 내가 겨울을
가장 좋아하는 이유다

**작가소개** * 이영은(구림중학교 1학년)

나는 감자를 좋아해요
공부하는 것도 좋아해요
가족을 많이 사랑해요

# 특별한 게임

김승현

평소와 달리
아침부터 유난히
시간이 빨리 갔다

게임 하기 전부터
배가 고팠다

음식을 먹으며
게임을 했다

발소리가 들렸다
형이 비키라고 했다
딱 30분만 한다고 했다

형이 말했다
"같이 하자."

특별한 게임
시간이 되었다

 # 아휴, 어려워

김승현

내가 하고 싶은 것만

하지 못해

하기 싫은 것도

해야 해

아휴, 어려워

**작가소개** * 김승현(구림중학교 1학년)

나의 꿈은 있었는데 없어졌다
그리고 나는 좋은 사람이다
중학교 1학년 '김승현'입니다
제가 좋아하는 것은 과자입니다

# 새벽 공기

오승미

오늘의 새벽공기는 상쾌합니다

어제의 새벽공기는 따뜻했고요

너랑 함께했었던 그날의 새벽공기는

음….

# 빠져도 될까

오승미

아지랑이가 피어오르는 쨍쨍한 낮은 지났어

어둡기만 한 바다를 아름답게 해주는 윤슬아

어둡기만 한 바다를 예쁜 색으로 채워주는 노을아

내가 빠져도 될까

 ## 내 마음에 비

오승미

너는 소나기처럼 잠깐 지나가는 내 인연일까

너는 장마처럼 길게 길게 마음에 남아

지나가도 흔적을 남기는 인연일까

## 파도의 모양

오승미

파도가 치기 전 바다는 고요해

내 마음에도 언젠가 파도가 칠 거야

때론 너무 무서운데

때론 너무 기대돼

그 파도의 모양이

## 환멸하다

오승미

　내가 당신에게 모든 걸 내어주었던 것 같았는데, 당신이 먼저 가버린 것은 내 잘못일까

　내가 당신과 영원히 함께할 것만 같았던 생각은 그저 망상인 것일까

　내가 당신을 잊을 수 없어 내 눈 앞에 보이는 것도 허상일까

　허상인 게 무슨 상관인가, 이미 내가 상상한 당신과의 인생은 이미 환멸 했는데

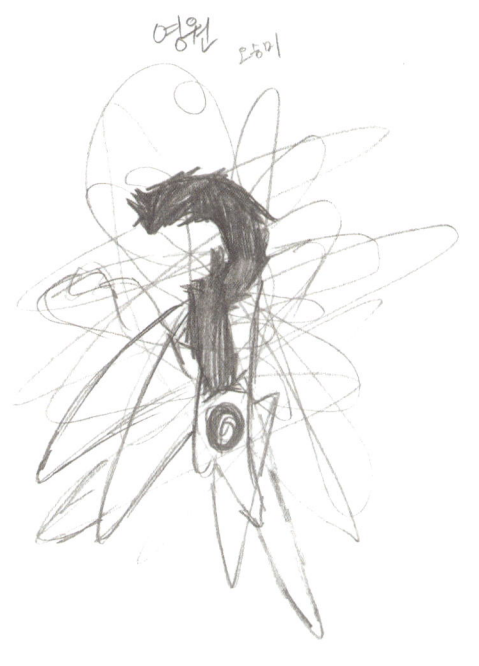

**작가소개** * 오승미(구림중학교 1학년)

좋아하는 것은 아직은 모르겠다
되고 싶은 것도 모르겠지만,
누군가에게 힘이 되는 사람이 되고 싶다

# 겁쟁이

강초현

큰 숲으로 나아가자
풀밭으로 나아가자
먼 길로 나아가자
여행 삼아 나아가자
며칠이 걸리든 나아가자
유쾌하게 걸어가자
함께 나아가자
용기있게 나아가자

그럼
언젠간
겁쟁이가
안 되겠지?

# 용기

강초현

용기란 뭘까
용기란 이런 거지

친구도 용기가 될 수 있고
기운도 용기가 될 수 있고
도망도 용기가 될 수 있다

너 자신도 용기가 될 수 있고
나 자신도 용기가 될 수 있다.

# 꿈속

강초현

꿈속은 특별하다

하루는 꿈속에서 별똥별을 봤네
하루는 꿈속에서 탈출을 했네
하루는 꿈속에서 엄청 웃기만 했네

꿈속은 참 특별한 상영관이다

# 내 세상

강초현

하루하루 모습이 바뀌는 게
하루하루 햇빛이 바뀌는 게
하루하루 일상이 바뀌는 게
하루하루 계절이 바뀌는 게
하루하루 향기가 바뀌는 게

바로 내 세상이다

# 칭찬

강초현

사람마다 다르다

어떨 땐 칭찬했던 게 낭비같았고

어떨 땐 칭찬했던 게 뿌듯했고

어떨 땐 칭찬했던 게 소중했다

칭찬도 마냥 좋은 건 아니네

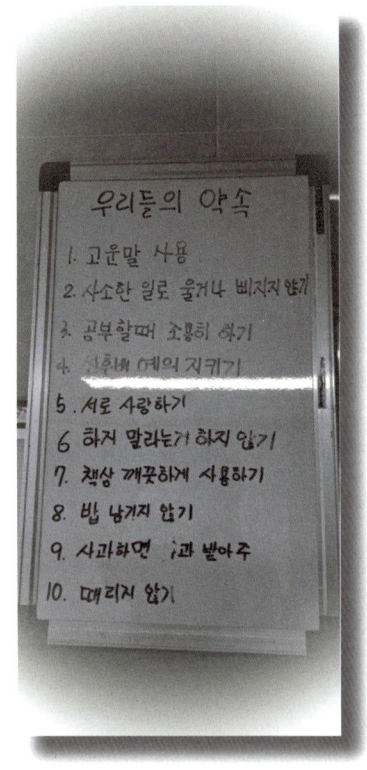

**작가소개** * 강초현(구림초등학교 6학년)

승무원이 되고 싶다
돈이 좋다
그림 그리는 게 좋다
가족이 좋다
게임이 좋다(좀비고가 좋다)
채소가 싫다
공부가 싫다?

# 하루는 힘들어

강호동

나는 학교에 가면 공부를 해서 힘들어
그래서 공부만 안 하면 난 학교가 더 좋아
공부는 필요하지만 난 공부가 싫어 ㅜㅜ
학교에 가면 친구가 있어서 좋아
그리고 학교는 신기한 게 많아 그래서 좋아
난 센터에 가면 또! 공부를 해  너무너무 힘들어
그래도 센터에서 공부를 끝내면 놀아

집에 가면 먼저 씻는 걸 좋아해서 바로바로 씻어
그리고 게임을 하니 재밌어
나랑 같이 게임을 해주는 나랑 가장 친한 동생과
나랑 가장 친한 친구랑도 게임을 하니 좋아

아, 하루는 힘들었지만 좋았다

## 나의 장래 희망

강호동

나는 400명 유튜버입니다
사람들을 많이 웃겨요
게임은 50%로 정도로 잘해요
공부는
30점~40점이지만
나에게는
나를 사랑해주는
가족이 있어요

저는 덤벙거려서
아빠한테 욕도 먹고
자주 혼나요
그래도 아빠랑 엄마랑 동생들이 저를 걱정도 해주고
사랑해 주지요

그리고 저는 실수가 많아요
장난꾸러기고요

저는 바보인 것 같지만
세상에 내가 제일 소중한 걸
알아요

**작가소개** * 강호동(구림초등학교 5학년)

나는 32세 때 50만 유튜버가 될 것입니다
저는 노력해서 100만 유튜버가
될 수도 있을 것 같아요
로동스 채널을 구독, 좋아요
눌러주시고 로동스 채널을
사랑해주세요
나중에는 10억을 얻을 것이에요

# 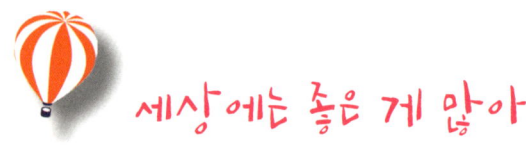 세상에는 좋은 게 많아

강미현

또,

기차를 타면 멋진 풍경들을 만끽할 수 있어
기차 타는 것이 좋아
나무는 공기를 맑게 만들어주니 좋아
공부는 우리들에게 필요해
우리들을 똑똑하게 만들어주니 좋아

하루는 길게 느껴질 때도 있고
짧게 느껴질 때도 있어
하루가 24시간이라는 것은
안 변해서 신기해

다음 날에는 무슨 일이 일어날지
기대가 되어 좋아

겨울은 눈이 와서 좋아
그리고 따끈따끈한 간식들이 있어 좋아
또
내 생일이 있는 12월이 있어 좋고
크리스마스가 있어 좋아

비 오는 날에는
개구리와 달팽이가 나와서 좋아
비가 들려주는 빗방울의 노랫소리는
너무도 좋아

해가 쨍쨍
매미가 맴맴 울고 있는
여름이 너무나 좋아

봄은 좋아
따뜻하고 꽃들이 활짝 피어나
나를 반겨주는 것 같아 좋아

꿈나라는
뭐가 나올지 날마다 기대되어 좋아

꿈나라에서는
가끔은 무서운 귀신이 나오거나
꽃이 나올 때가 있어
하지만
꿈꾸는 것은 너무나 좋아

땅에서는
도토리가 데굴데굴 굴러
어디로 갈지 궁금해서 좋아

하늘에서는 구름이 둥둥 떠 있어
바람을 타고 날아가는 모습이 좋아

또…

**작가소개** * 강미현(구림초등학교 5학년)

사회, 역사를 좋아하고
양식요리사가 되고 싶어요

## 잠

설현성

잠이 온다

내 마음속에서도 잠이 온다

집은 언제 갈까?

나는 집에 갈 시간을 기다리며

오늘도 잠으로 하루를 보낸다

# 눈사람

설현성

눈이 온다

내 마음속에 눈이 온다

나는 눈사람을 만들거야, 라며

하루를 보낸다

눈이 오면 눈사람을 만드는 게

국룰같아서

마음속에서 나 혼자 눈사람을 만든다

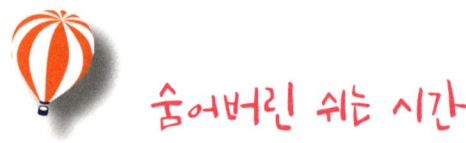
# 숨어버린 쉬는 시간

설현성

보이지 않는 쉬는 시간

어디로 숨어버린 걸까?

시간이 느릿느릿 오는 건지

시간이 후딱 지나가 버린 건지

**작가소개** * 설현성(구림초등학교 5학년)

나는 운동에서 '운'이 무슨 뜻인지
아는 사람이다
그만큼 운동을 좋아한다는 뜻이다!

# 풍선여행

신주원

떠나보자
둥근 풍선을 타고
바람을 느끼며
구름을 넘어서
밤공기 가득한
밤하늘을 날아서

삶의 지루함에서
벗어나
싱글벙글 웃으며
무지개를 찾으러

목적지는 없다
언젠가는 만날
삶의 무지개를 찾아서

풍선을 타고
저 멀리 날아갈 뿐

# 진짜 성장

신주원

사람은 누구나 성장한다

그 과정에서 상처도 나고 눈물도 흘리겠지

하지만 친구가 있기에

가족이 있기에

서로의 눈물과 상처를 보듬어주고

쓰다듬어 줄 때

우린 진짜

성장하는 것이다

 가슴 속에 품고 산다

신주원

일하기 싫다
살기 싫다
귀찮고 고통스럽게만 느껴진다
하지만 우리집 창밖에는
여러 사람이 있다
고아원에 있는 아이들
백과사전을 외우는 대학생
성적표를 확인하는 선생님
행렬 지어 전진하는 군인
소개팅남 만나러 가는 길에 빗질하는 여자
펜으로 시를 쓰는 작가
이 사람들도 나와 같은 마음
같은 생각을 하고 있다
펜 같은 인생이기에
쓰면 지울 수 없기에
불평이 나오는 마음을

가슴 속에 묻고
긍정적이게
즐겁게
살고 있는
사람들이 있기에

나는 포기할 수 없다

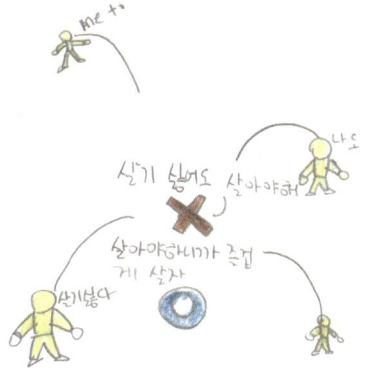

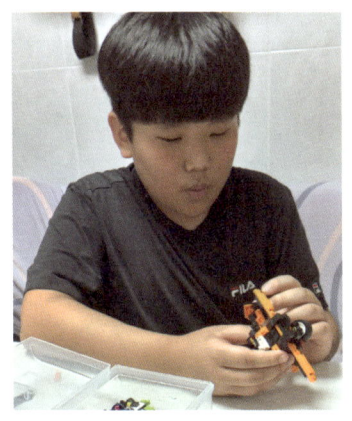

**작가소개** * 신주원(구림초등학교 5학년)

건담 좋아하는 사람
끈기, 물기, 악착같이
뭐든지 한번 물면 놓지 않는,
악착같고 끈기가 많은 사람입니다
취미는 건담 조립하기입니다

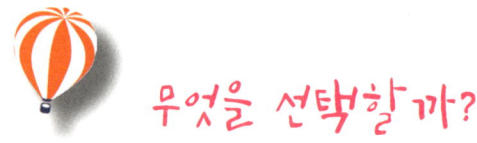# 무엇을 선택할까?

김성윤

선택의 시간!

이걸 선택할까,
저걸 선택할까

머리는 터질 것 같은 폭탄이 되고
몸은 배터리 다 닳은 리모컨이 된다

하지만 이것에 답하기 위해
미친듯이 연습하다 보면

언제 그랬냐는 듯

바로
선택할 수 있다

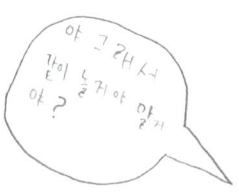

# 우리의 길

김성윤

우리는 처음으로 부모라는 사람을 만나고
나중엔 친구랑 웃음을 터뜨리며 놀게 된다

그리고 계속 가다 보면
한 가지 고민에 빠지게 된다

그건 바로
자신이 어떤 길을 갈지 고민하는 것이다

하지만 좋은 길을 찾는 꿈을 계속 꾸다 보면

마침내
자신의 길을 선택할 수 있다

나의 길은
과학자의 길일 확률이 높다

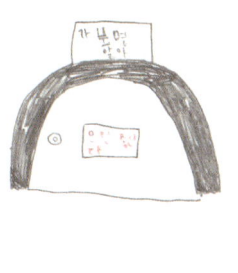

산골에서는 누구나 별이 된다

# 다시 일어서서

김성윤

사람들마다 각각 길이 나온다

좋은 길이라든가
꽤 나쁘지 않은 길이라든가
안 좋은 길처럼

길이 나온다

하지만
아주 안 좋은 길을 선택해
마음에 폭풍과 해일이 몰려와도

다시 일어서야 한다
왜냐하면

다시 길을 선택하고
자신의 마음을 컨트롤해야 하니까

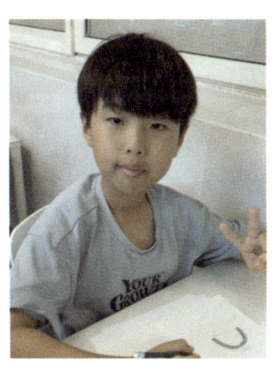

**작가소개** * 김성윤(구림초등학교 4학년)

우리반 영어 1짱!
우리 학교 피구 회피력 4짱
최근 천문학에 관심이 생김
난 나중에 '김론 머스크'가 될 것임

# 과자

조소린

난 과자가 먹고 싶은데
엄마 아빠가 못 먹게 한다
너무 서럽다
엄마 아빠도
어릴 땐 과자 많이 먹었을 거면서
이빨이 썩는다면서
잔소리다
아빠는 과자가 몸에 좋지 않다면서
아빠는 많이 먹는다
어이가 없다

## 자연

조소린

땅에 민들레가
있다
민들레를 휘 불면
민들레 씨앗이
바람을 타고 여행을 간다

갑자기 비가 오다
그치더니
무지개 빛이 났다
새상에서 가장
아름다웠다

 # 짜증

조소린

자꾸 짜증나게
하는 사람이 있다
이름은 말할 순 없다
착한 것 같기도 하고
나쁜 것 같기도 하다

진드기같이 붙어다녀서
힘들다
똑같은 걸 자꾸
물어본다

자기 맘에 안 들면
나를 째려 본다

진드기도
아니면서 자꾸 따라다닌다
좀 떨어져라!

# 답안지

조소린

오늘은 센터에서 쫓겨났다
나 때문에 목사님도 쫓겨났다
답안지 가지러 갔다

센터에 와서
자세히 답안지를 보니
다른 답안지였다

또 센터에서 쫓겨났다
또 답안지를 가지러 갔다

너무 슬펐다
솔직히 답안지가
뭐라고…

2번이나
쫓겨났다
힘 빠지는 하루였다ㅜㅜ*

# 그림

조소린

그림을 그렸다
동생이 해파리를 그렸다
동생의 그림이
너무 웃겨 웃었다

동생이 째려봤다
어이가 없네
웃은 거 뿐인데

나는 기린을 그렸다
동생도 내 그림을 보고
똑같이 웃었다

나도 동생과 똑같이
째려 봤다
서로 서로 샘샘했다

동생아
내일은
밝은 표정으로 보자

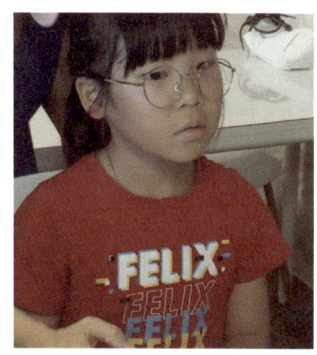

**작가소개** * 조소린(구림초등학교 4학년)

강아지랑 피구랑

가족을 좋아한다

화가가 되고 싶다

# 경진이 형의 공부

신지헌

경진이 형은 공부를 잘한다

경진이 형은 시를 잘 쓴다

나도 그렇게 되고싶다

나도 공부를 잘해서

그렇게 될거다

경진이 형이 부럽다

나는 그렇게 될 수 있을지

걱정이 된다

# 내 마음 속 사탕

신지헌

그냥 사탕을 먹었을 때는

평범한 맛이다

하지만 내 마음속에 있는

아주 달콤한 사탕을 먹었을 때는

아주아주 특별한 맛이다

내 마음속 사탕은

어느 맛있는 사탕보다 달콤하다

# 나의 결심

신지헌

나는 공부하면 짜증이 난다
어려워서 짜증이 난다
하기 싫다
하면 머리가 터질 것 같다

하기 싫다
하고 나면 좋지만
또다시 똑같다

공부하면 머리가 터질 것 같다
그래서 나는 결심했다

공부할 때
짜증내지 않겠다고 …

마음속으로 결심했다

**작가소개** * 신지헌(순창초등학교 3학년)

나는 피아노를 잘 치고
피자, 치킨을 좋아한다
공부를 잘한다
어려워도 포기하지 않는다
피아노 대회도 나간다
체육을 좋아한다
수학을 싫어한다

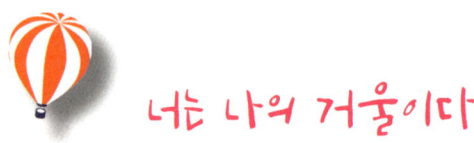
## 너는 나의 거울이다

강민정

모든 사람이 사랑한다

모든 사람이 모두를 사랑하면 좋겠다

한 명이 싫어하면

한 명이 싫어지고

모두가 싫어진다

너는 나의 거울이다

# 무지개가 있다

강민정

해와 하늘이 맑을 때

일곱 빛깔 애기가 둥글게 논다

둥글게 굴러가는

공사람이 뾰쪽한 전봇대에 오른다

무지개를 만지려고

#  시

강민정

시는 아무나

쓸 수 있는 게 아니다

그런데 잘하는 사람만 하는 것도 아니다

못하는 사람도 할 수 있다

그치만 노력하면 된다

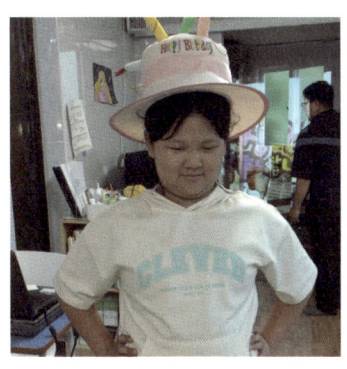

**작가소개** * 강민정(구림초등학교 3학년)

제 꿈은 화가에요
그림 그리기를 좋아해요
물을 좋아해요
제가 제일 좋아하는 가족은 엄마에요
애들과 잘 놀아줘요
공부를 잘해요

## 회복

조휘서

토요일에 학교에서
자전거를 탔다

병이 회복됐다

창문 밖에
햇빛이 쨍쨍하다

부엌에
양동이가 있다

인디언이
모닥불을 피웠다

2층으로 계단을 올랐다

# 새싹 두 개

조휘서

새싹 두 개가

나무가 됐다

사과가 열려서

(내가) 맛있게 먹었다

**작가소개** * 조휘서(구림초등학교 2학년)

운동과 강아지를 좋아하는
나는 조휘서입니다.

#  그래서 좋아요

김하나

우리집에는 블루베리 나무가 있어요

우리 엄마는 베트남어를 잘해요

비가 와요

하루는 빨리 지나가요

모기는 나빠요

여름이 싫어요

추석은 가을이에요

그래서 좋아요

 가을

김하나

가을은 따뜻해

노랑 빨강 때문에 따뜻해

사실은

내 생일이어서 따뜻해

**작가소개** * 김하나(구림초등학교 1학년)

과일을 좋아하고
화가가 되고 싶어요

 우리 형아

강호렬

우리 형아는

매일 잠자요

우리 형아는

매일 일어나요

우리 형아는

매일 잘 먹어요

그래서

우리 형아 몸은 뱃살이 많아요

산골에서는 누구나 별이 된다

 똥

강호렬

수많은 똥들 중에

진짜 똥은 몇 없다

그 몇 없는 똥들 중에

진짜 똥은

너의 똥이다

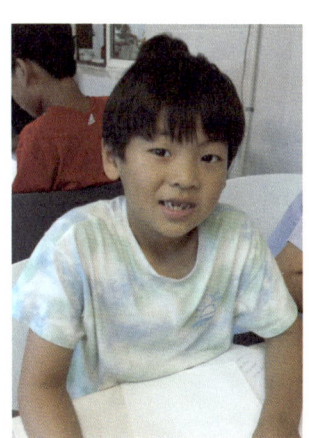

**작가소개** * 강호렬(구림초등학교 1학년)

재밌는 남자
포카칩을 좋아해요
호동이형을 좋아해요
물 빨리 마시기 잘해요

# 발레리나

김다희

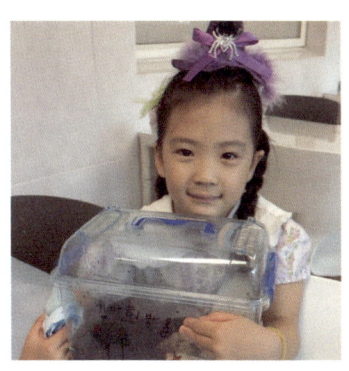

**작가소개** * 김다희(구림유치원)

엄마 아빠 단팥빵을 좋아한다
가수, 발레리나가 되고 싶어요

## 우리 집으로

김수현

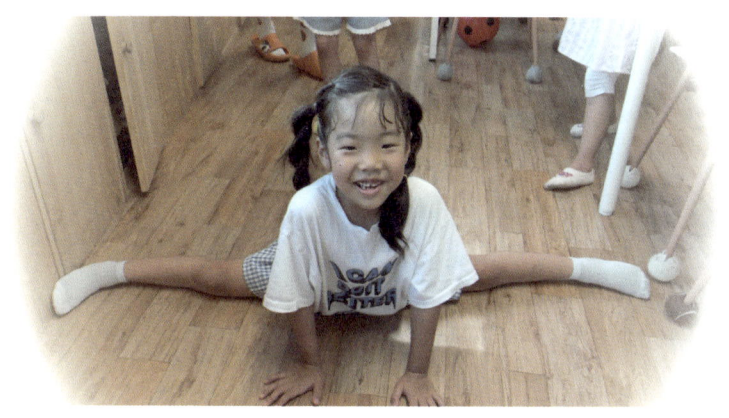

**작가소개** * 김수현(구림유치원)

엄마 아빠 오빠를 좋아해요
당근 브로콜리를 좋아해요
가수가 되고 싶어요

 한사랑 센터

김하늘

# 아이스크림

김하늘

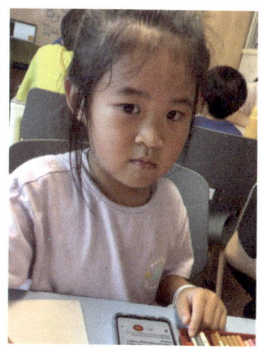

**작가소개** * 김하늘(구림유치원)

세상 모든 것이 좋아요
화가가 되고 싶어요

#  구림 한사랑 지역아동센터

손하늘

산과 나무가 빽빽한 시골 교회 안
구림 한사랑 지역아동센터
아이들이 옹기종기 모여요

이곳 센터장님은 아이들을 좋아해요
해맑게 웃으며 놀아줘요

수업 시간이 되면
아이들은 공부가 재미 없나봐요

그래도 웃음 가득 아이들을
사랑으로 보살펴요

# 그림책

손하늘

책을 펼치면
그 속에
알록달록 그림이 있어요

그림 속 이야기들이
소곤소곤 거려요

하얀 구름이
그림을 그리고

햇살 입은 아이들이
쿵쿵거리며
마당 가득 뛰어놀아요

# 비 오는 날

손하늘

빨주노초파남보
우산 들고 가는 아이들

우산 되어
비를 막아 주는 나무

나무는
친구처럼 큰 우산되어 준다

### 작가소개

**\* 손하늘(구림한사랑지역아동센터 선생님)**

춤을 잘 춥니다
자전거를 잘 탑니다
저는 아이들의 선생님입니다

가을은 따뜻해

노랑 빨강 때문에 따뜻해

사실은

내 생일이어서 따뜻해

- 김하나, 〈가을〉 동시 중에서 -

#2

## 포토시로 보는 지역아동센터 풍경

여기는 아이들의 맘 편한 쉼터입니다

여기는 아이들의 상상 놀이터입니다

여기는 아이들의 늘상 공부방입니다

여기는 아이들의 돌봄 교실입니다

여기는 아이들의 꿈꾸는 다락방입니다

- 편집자 주

산과 나무가 빽빽한 시골 교회 안
구림 한사랑 지역아동센터
아이들이 옹기종기 모여요

이곳 센터장님은 아이들을 좋아해요
해맑게 웃으며 놀아줘요

- 손하늘, 〈구림 한사랑 지역아동센터〉 동시 중에서 -

▲ 구림 한사랑지역아동센터 전경

보이지 않는 쉬는 시간

어디로 숨어버린 걸까?

시간이 느릿느릿 오는 건지

시간이 후딱 지나가 버린 건지

-설현성 〈숨어버린 쉬는 시간〉 동시 중에서-

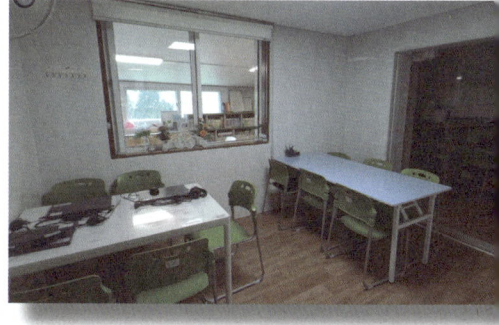

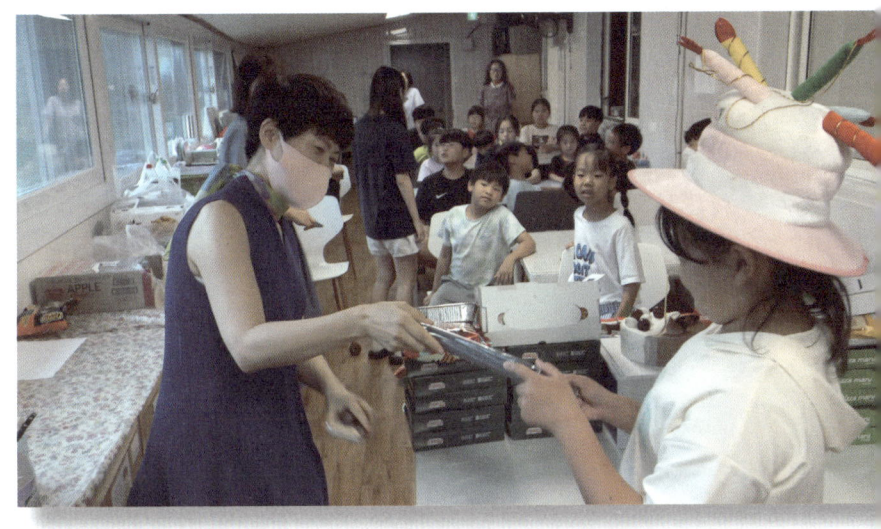

새싹 두 개가

나무가 됐다

사과가 열려서

(내가) 맛있게 먹었다

-조휘서, 〈새싹 두 개〉 동시 중에서-

해와 하늘이 맑을 때

일곱 빛깔 애기가 둥글게 논다

둥글게 굴러가는

공사람이 뾰쪽한 전봇대에 오른다

무지개를 만지려고

-강민정 〈무지개가 있다〉 동시 중에서-

#3

# 책으로 쑥쑥 성장하는 독서캠프

"오늘은 뭐하며 놀까?"
"책 읽으며 놀아요!"
책장 앞에 서면 이런 상상을 해본다.
이 많은 책들을 누가 다 지었을까?
누군가는 책 속의 삶을 살아낸다.
'그래, 너희들 한 명 한 명 다 사람책이야'

- 편집자 주

# [책으로 쑥쑥 성장하는 독서캠프]
## 성장보고서

강사 : 이서영

(작가/ 한류사립도서관 공동 대표/ 솔아북스출판사 대표)

구림한사랑지역아동센터 센터장님으로부터 요청받았다.
"우리 학생들을 위한 독서캠프를 진행해 주세요."
그렇게 시작된 프로젝트가 "책으로 쑥쑥 성장하는 독서캠프"였다. 7월 25일, 방학과 함께 시작된 프로그램은 10강이 진행되었고 이후 두 차례 더 책을 완성하기 위한 만남이 이뤄졌다.

학생들은 이제는 책을 읽지 않는다. 책을 읽으라고 하면 도망가거나 표정이 바뀐다. 그토록 싫어하는 책을 가지고 독서캠프를 할 수 있을까?

먼저 10강의 주제를 잡아야 했다.
1강. 독서의 목적과 방법
2강. 독서 후 요약 연습
3강. 독후감 쓰기
4강. 체베나 글쓰기
5강. 발췌 후 나만의 글쓰기
6강. 나만의 이야기책 만들기
7강. 저자와 나의 이력서
8강. 질문과 대답
9강. 나만의 독서노트 만들기
10강. 향후 독서 계획과 읽을 책

기본적인 틀을 구축한 뒤 강의가 시작되었다.
첫 반응은 부정적이었다. 놀아야 할 시간에 책상 앞에 앉아야 했으니까.
대상은 초등학교 1학년에서 중학교 2학년까지 그 폭도 넓었다. 어떻게 하면 효과적으로 모든 아이들과 재밌게 진행할 수 있을까.

첫 생각은 각 수준에 맞는 책을 한 권씩 정하는 것이었다. 하지만 그렇게 하면 집중력이 떨어질 것이다. 결론은 전체적으로 독서력이 떨어지는 공통점이 있으니 이를 만회할 수 있어야 하므로 가능하면 쉽고 글밥이 적어야 했다.

마침 솔아북스출판사에서 나온 시집이 있었다. 작은 도서관에서 시 쓰기 수업을 진행해 책으로 나왔다. 이 책을 학생들에게 나눠 주었다. 시집을 펼쳐 맘에 드는 시를 골라 필사하게 했다. 필사를 처음 해 본 학생들은 '필사를 하는 이유'를 알지 못했다. 하지만 놀랍게도 5분쯤 지나자 재미를 느끼기 시작했다. 이것이 기적이다. 시라는 것이 무엇인지는 알 수 없지만 행과 연을 나눠서 문장에 질서를 부여하면 작은 글밥만으로도 상상의 여지가 커진다는 사실을 아이들은 금세 깨달아 버렸다.

말과 글을 제대로 만날 기회만 주어진다면 아이들의 뇌는 폭발적으로 성장할 것이다.

[3가지 키워드]를 주문했다. 나를 드러낼 수 있는 3가지 키워드를 적어보라.

미현 학생은 집중력, 인내심, 공부라고 적었다.

집중력이 좋고 인내심이 많고 공부를 잘한다고 자신을 적었다. 5학년은 센터에 4명이 있다. 수학문제를 풀다가 어려운 게 있으면 친구들은 미현 학생에게 가서 물어본다. 책을 읽는 것을 싫어하기는 하지만 책을 읽어야 할 필요성을 느끼고 있다. 점점 좋아질 것이다.

　수업을 새로 시작할 때마다 시집 속에서 나만의 단어를 20개씩 찾는 연습을 했다.
　똑같은 주문을 해도 아이들이 선택하는 단어는 놀랍도록 달랐다. 이 사실은 무엇을 의미하는 것일까. 모두 자신만의 언어를 이미 가지고 있다는 뜻이다.

　경진 학생이 선택한 단어는 다음과 같다.

　전봇대, 사람, 편지, 능력, 우리, 꿈, 하루, 주제, 짝꿍, 웃음, 심장, 소원, 지금, 무지개.

　이 단어로 그는 이렇게 썼다.

전봇대에 포스터가 있다

사람들은 포스터를 보고 웃음을 지었다

나는 한숨을 쉬었다

꿈을 이루고 싶다

어디선가 갑자기 편지가 날아왔다

나는 성공하고 싶다

대회에 나가면 심장이 떨린다

자주 무지개가 보고 싶다

하루 종일 배드민턴을 칠 것이다

나의 주제는 배드민턴이다

나는 능력이 있으면 좋겠다*

[독서 후 요약 연습] 프로그램을 진행했다. 10장 정도 읽고 요약하는 연습이다. 대체로 다 잘 했지만 호동 학생은 힘들어 했다. 호동 학생은 초등 5학년이다. 유투브를 한다. 유투브를 적극적으로 독려하고 응원해 주었더니 점점 구독자가 늘어 지금은 500명이 넘었고 인기 쇼츠는 1만 조회가 넘어가고 있다. 호동 학생은 머리가 좋다. 하지만 공부 습관은 아직 덜 잡혀 있다. 운동을 좋아해 더운 날에도 땀을 뻘뻘 흘리며 논다. 공부는 좋아하지 않는다. 책도 잘 읽지 않았을 것이다. 쓰는 것, 요약하는 것을 힘들어 했다. 하지만 상상력 필요하고 기획력도 필요한 유투버답게 시간이 지나자 술술 써내려가기 시작했다.

초기에 책을 읽고 요약하는 게 쉽지 않아서 실행한 방법은 [한 페이지만 읽고 20개의 질문을 찾아내고 답하기] 프로그램이었다. 한 페이지 안에서 어떻게 그렇게 많은 질문을 만들어 낼 수 있느냐고 아이들은 말했지만 실제로 문장을 문제로 전환하는 과정을 통해 놀랍게도 20개뿐만 아니라 더 많은 문제들도 만들어 낼 수 있다는 사실을 깨달았다. 이 과정은 문해력을 키울 수 있는 매우 효과적인 방법이었다. 두 페이지를 이런 방식으로 연습하고 나니 아이들의 이해력이 매우 높아졌다. 호동 학생도 이 과정을 통해 곧잘 이해하고 문제를 작성할 수 있게 빠른 속도로 학습했다.

[발췌 후 나만의 글쓰기]를 진행했다.

민정 학생은 초등 3학년이다. 선택한 책은 [별주부전]이었다. 자신들이 읽고 있는 책들 속에서 단어를 선택하게 했다. 민정 학생은 이렇게 이야기를 만들었다.

〈용왕님과 문어와 싸움〉

옛날 어느 옛날, 토끼와 자라와 용왕님과 장군, 신화, 문어가 살았습니다.
자라는 솥뚜껑처럼 등이 딱딱했습니다.
토끼는 달에서 자라에게 줄 선물을 사고 있었습니다.
장군과 신화와 문어와 용왕님이 바다에 있는 용궁으로 갔습니다.
갑자기 용왕님이 병이 났습니다.
용왕님이 문어에게 명령을 내렸습니다.
문어는 화가 났습니다.
토끼는 무슨 상황이 일어났는지도 모르고 기쁘게 선물을 사고 있었습니다."

이후 어떤 사건이 벌어질 지는 민정 학생이 이야기를 어떻게 풀어나가느냐에 달려 있다. 위의 시도가 훌륭한 것은 민정 학생이 책을 읽은 뒤 자신만의 상상으로 이만큼 이야기를 써내려갔다는 사실이다. 이 상상은 물론 책을 읽었기 때문에 가능한 일이었다. 어떤 책을 읽느냐에 따라 어떤 생각을 할 수 있는지가 결정된다.

[나의 이야기 책 만들기] 프로그램을 진행했다.
중학교 1학년 영은 학생은 3권의 책을 썼다.
〈길찾기 2024〉, 〈흘러가는 대로 2025〉, 〈누군가의 2040〉.

작가: 이영은

출판사: 솔아북스

목차: 1. 누군가의 딸

2. 누군가의 동생

3. 누군가의 친구

4. 누군가의 주인

내용: '누군가의' 라는 책은 작가가 다른 사람들에게 어떤 사람이 되고 싶었고 어떤 사람이었는지 작가의 관점에서 쓴 책이다.

누군가의 딸, 누군가의 동생, 누군가의 친구가 누군가에게는 어떻게 보였을까. 이런 생각을 독자들도 자주 할 것임을 확신한다. 유쾌하고 재밌는 일상 이야기 속 슬프고 애틋한 장면이 펼쳐진다.

상상으로 만들어진 책이다. 영은 학생은 주어진 미션을 경쾌하게 풀어낼 줄 아는 학생이다.


초등 4학년 소린 학생은 차분한 성격으로 〈나만의 키워드 3개〉 시간에 '개인기, 피구, 강아지와 놀아주기'라고 적었다. 20년 뒤에 쓸 책 제목은 〈동물들의 행복〉, 〈돈이 좋아〉, 〈추억〉 이었다.

시를 쓰기 힘들어했는데 점점 재미를 붙이더니 읽고 나면 웃음이 나는 경쾌한 시선의 시를 쓰기 시작했다. 그래서 선생님과 약속을 했다.

"매일 일기 쓰듯 시 한 편씩 적어서 선생님에게 보내줄 수 있어?"

"네."

선선하게 답한다.

시가 그녀에게 들어갔다.

소린 학생의 시 한 편이다.

과자

난 과자가 먹고 싶은데
엄마아빠가 못 먹게 한다
너무 서럽다

엄마아빠도
어릴 땐 과자 많이 먹었으면서
이빨이 썩는다면서
잔소리다

아빠는 과자가 몸에 좋지 않다면서
아빠는 많이 먹는다

어이가 없었다.

초등학교 2학년 휘서 학생은 조용히 앉아 있다가 생각난 듯 썼다. 휘서 학생도 솔아북스출판사를 통해 2026년 조휘서 작가로 책을 썼다. 책 제목은 〈새싹 두 개〉다.

그의 대표 시는 이렇다.

새싹 두 개

새싹 두 개가
나무가 된다
사과가 열려서
내가 맛있게 먹는다.

시 쓰는 재능이 있다. 꾸준한 독서력으로 키워가기를 바라는 마음이었다.

하나 학생은 초등학교 1학년이다. 화가가 꿈이다. 짧은 시간에 자신의 글에 맞는 그림을 그려달라고 주문했는데 3점의 그림을 그렸다. 초등학교 1학년생이라는 사실을 잊어버릴 정도로 집중력이 좋다. 자신을 표현하는 데도 강하다. 자신의 미래 직업을 상상하고 연봉을 쓰는 시간이 있었는데 월급을 2,000,000원으로 써 놓고도 한참을 고민했다.

20년 뒤 미래의 책 제목 3개를 적으라고 했더니 이렇게 적었다.

1. 〈엄마의 생일〉
2. 〈나의 가을〉
3. 〈도토리〉

하나 학생의 그림이 책 표지가 되었다. 머릿속에서 구상해 이를 적절히 배치하고 구현할 수 있다는 사실이 놀라웠다.

유치원생인 하늘, 다희, 수현은 그림을 통해 자신을 표현했다.
10강 후 나의 목표를 적었다.
미현 학생은
1. 센터에서 1시간 이상 책 읽기
2. 독후감은 꼬옥 쓰기로 약속했다

약속만 잘 지켜도 미래가 기대된다.

〈총평〉

10강의 독서 캠프를 진행했다. 처음에는 먼 시간처럼 느껴졌지만 강의가 진행될 때마다 글쓰기가 이렇게 재밌는 시간이 될 수 있다는 사실에 놀라워했다.

상현 학생은 이렇게 말했다.

"선생님, 시작할 때는 놀아야 하는데 하는 아쉬움으로 시작하는데요. 끝날 때는 더 하고 싶어요."

주원 학생은 이렇게 말했다.

"선생님, 이 시간이 너무 기다려져요. 내년 방학 때도 해주실 거죠?!"

일단 펼치면 아이들은 변하고 성장하게 되어 있음을 크게 깨달은 시간이었다.

아이들에게는 어른들이 꾸준히 질문을 던져줘야 한다. 정답을 가르쳐 주려 하지 말고 아이들이 스스로 질문을 하고 자신들만의 '해답'을 찾아갈 수 있게 믿어주면서 지속적으로 문제 제시를 해줘야 한다.
질문할 수 있는 열린 환경을 마련해 줘야 한다. 책을 읽고 나면 반드시 느낌을 표현할 수 있게 안내해 줘야 한다.

〈책으로 쑥쑥 성장하는 독서캠프〉를 마치고 설문조사를 실시했다. 긍정적인 피드백을 받았다.

행복한 시간이었다. 문해력의 최고 출구가 책이다. 새로운 세상을 여는 최초의 입구가 책이다. 책은 취미가 아니라 생존 도구다. 책을 외면하는 사회는 미래가 없다.

거인의 어깨에 올라타면 더 높은 곳에서 더 멀리 볼 수 있으며 어디든 더 빨리 도착할 수 있다. 거인의 어깨 위로 올라서라.

나는 작가로, 솔아북스출판사 대표로, 한류사립도서관 공동대표로 이 독서캠프를 진행했고 책으로 나오는 과정에 참여했으며 지속적인 독서 활동으로 만날 예정이다.

문화와 정신, 미래와 혁신, 모두 책 안에 다 있다. 독서 캠프를 제안하신 구립한사랑지역아동센터장님께 감사드린다. 아이들에게는 날개를 달아 줄 천사가 늘 절실하게 필요하다.